MÉMORIAL HORAIRE

ou

THERMOMÈTRE

D'EMPLOI DU TEMS.

Le MÉMORIAL HORAIRE ou THERMOMÈTRE D'EMPLOI DU
TEMS se trouve aux adresses ci-après:

à Milan, chez M. Giegler, libraire, *cours des Servi*;
à Genève, chez M. J. J. Paschoud, imprimeur libraire;
à Yverdun, au bureau de l'institut d'éducation de M.
    Pestalozzi;

à Paris { chez M. J. J. Paschoud, libraire, *rue Mazarine,*
    n.° 22;
    chez M. Firmin Didot, *rue Jacob, faubourg*
    saint Germain.

On trouve aux mêmes adresses les ouvrages suivans
du même auteur.

1. *Essai général d'éducation* (1808) vol. 1 in 4.° fr. 12.
2. *Essai sur l'emploi du tems* (1808) » 1 in 8.° » 5.
    (*Le même*, traduit en allemand
        par M. le docteur Schulten). » 1 in 8.° » 5.
3. *Mémorial portatif universel* et *livret*
    pratique d'emploi du tems (1811)
    (cartonné). . . . . , » 1 in 12.° » 5.
    (*Le même*, traduit en italien. . » 1 in 12.° » 5.
4. *Esprit de la méthode d'éducation*
    de M. Pestalozzi, avec un Pré-
    cis sur son institut (1812) (pa-
    pier collé) . . . . » 2 in 8.° » 12.

MÉMORIAL HORAIRE

OU
THERMOMÈTRE D'EMPLOI DU TEMS

*Servant à indiquer le nombre d'heures données
par jour à chacune des divisions et subdivisions,*
1.º *De la* Vie intérieure *et* individuelle,
*considérée sous les rapports, physique, moral
et intellectuel;*
2.º *De la* Vie extérieure *et* sociale;
POUR L'ANNÉE 18....

OU

*TABLETTES destinées à procurer le moyen de re-
cueillir en une minute et sur une seule ligne,
pour chaque intervalle de vingt-quatre heures,
tous les divers emplois et les principaux résultats
de la vie pendant le même espace de tems;*

PAR

M. M. A. JULLIEN
AUTEUR DE L'ESSAI SUR L'EMPLOI DU TEMS.

À MILAN
DE L'IMPRIMERIE ROYALE
1813.

« La vie elle-même n'est qu'une contexture de punctiles
» et niaiseries; mais les grands effets dépendent ordinaire-
» ment des petites actions. »

MONTAIGNE.

L'utilité du vivre n'est pas en l'espace ; elle est en l'usage.
Tel a vécu long-tems, qui a peu vécu.

MONTAIGNE.

« Il ne faut point mépriser comme minutieuses les petites
» choses, sans lesquelles on ne peut arriver aux grandes. »

SAINT JÉROME.

L'emploi du tems peut seul faire valoir la vie ;
C'est par l'activité qu'elle se multiplie :
L'art d'employer le tems n'est que l'art d'être heureux.

M. A. J.

A PARIS,
DE L'IMPRIMERIE ROYALE
1824

INSTRUCTION

Sur la tenue du MÉMORIAL HORAIRE
ou THERMOMÈTRE D'EMPLOI DU TEMS,
et sur les avantages qu'on en peut retirer.

———————

L'usage du MÉMORIAL HORAIRE ou THERMOMÈTRE D'EMPLOI DU TEMS a pour objet de se rendre compte, sans embarras ni confusion, et sans aucune espèce de travail, d'une manière à la fois simple et facile, claire, analytique et complète des divers emplois qu'on a pu faire de chaque intervalle de vingt-quatre heures. Les résultats journaliers de l'emploi du tems, rendus, par ce moyen, pour ainsi dire, visibles à l'œil et à la pensée, dans le plus petit espace possible, permettent de juger les produits réels de la vie, à mesure qu'elle s'écoule, de mieux apprécier et diriger l'emploi des instans qui doivent suivre, et de faire servir l'expérience de la *veille* au profit du *lendemain*.

On a tâché, dans cette vue, d'organiser des tablettes, propres à renfermer l'analyse la plus exacte de tous les élémens qui composent la vie, dans notre état actuel de civilisation. Ces tablettes ne peuvent convenir qu'à ceux qui, par leur intelligence naturelle, par l'éducation qu'ils ont reçue, par le degré d'élévation de la sphère dans laquelle ils vivent, paraissent capables de s'observer avec attention et avec fruit; elles sont particulièrement destinées aux jeunes-gens bien nés et bien élevés, jaloux de s'améliorer eux-mêmes, et pour lesquels une sorte de régulateur des divers emplois de la vie doit devenir un moyen de continuer et de compléter leur éducation.

La Méthode pratique, développée dans l'*Essai sur l'emploi du tems*, se trouve ici réduite à ses plus simples élémens; elle devient facilement praticable pour les hommes les plus occupés comme pour les plus paresseux.

Notre livret ou *Mémorial Horaire* comprend dans un petit nombre de tableaux, formés de différentes colonnes parallèles, toutes les parties de la vie humaine et sociale, indépendamment de la condition, de la profession ou de la fonction que chaque individu occupe ou remplit dans la société. Les mêmes colonnes, reproduites et prolongées dans toutes les pages du livret, sont traversées par des lignes horizontales, correspondantes aux jours de l'année (1). Chaque table, composée de deux pages, présente une série de quinze ou seize lignes pour autant de journées: une dernière ligne sert à inscrire, au bas de chaque colonne, le total des heures dépensées pendant les jours que la table comprend. Deux tables forment un mois, et vingt-quatre tables suffisent pour l'année entière. Un vingt et cinquième et dernier tableau présente, en douze lignes, la récapitulation générale des douze mois. Les 365 lignes, qui comprennent tout le cours de l'année, sont laissées en blanc, pour qu'on y puisse inscrire successivement, à la fin de chaque jour, le nombre d'heures donné à chacun des divers emplois du tems.

La vie, ainsi considérée sous les rapports les plus généraux, qui appartiennent également, dans des proportions variées à l'infini, à tous les individus d'une certaine classe de la société, paraît devoir comprendre QUATRE GRANDES DIVISIONS, PHYSIQUE, MORALE, INTELLECTUELLE et SOCIALE, dont chacune embrasse elle-même des subdivisions particulières, que nous allons faire connaître, en donnant l'explication détaillée des colonnes du livret, et en indiquant leur destination.

Destination des différentes colonnes du MÉMORIAL HORAIRE.

La première colonne (marquée A.) destinée aux DATES, porte le chiffre indicatif du *quantième* du mois. Le petit espace laissé en blanc, avant chaque chiffre, est destiné à placer les deux lettres *d* et *j*, avant les *dimanches* et les *jeudis*, à fin de reconnaître à la fois la date du mois et le jour de la semaine auquel elle s'applique.

---

(1) On devra faire tracer les lignes au crayon, pour que la tenue du livret soit plus correcte et plus facile, et pour qu'il n'y ait aucune confusion dans les chiffres.

La *seconde colonne* (marquée B.) sert à indiquer, en une seule ligne, et avec des signes abbréviatifs, la TEMPÉRATURE DE CHAQUE JOUR, qui influe à la fois sur l'état physique, moral et intellectuel de l'homme, et sur son existence sociale. La seule inspection du tableau fait ressortir les rapports de la nature extérieure et de la constitution atmosphérique avec l'homme. Souvent on détermine et on modifie jusqu'à un certain point les emplois de sa journée, selon que le tems est beau ou pluvieux, chaud ou froid, sec ou humide. On remarque, par les résultats, l'influence que les variations de l'atmosphère et du climat et les révolutions périodiques des saisons exercent sur la vie journalière. Quelques individus auront plus d'activité, dans l'hyver, et seront mous et inactifs, dans l'été; d'autres, semblables aux plantes, ont besoin de la chaleur vivifiante du soleil pour ranimer et tenir en action leurs facultés. On peut observer la nature de son tempérament, les climats et les saisons qui lui sont plus ou moins favorables; on compare tour-à-tour les différentes températures, soit de plusieurs mois, pendant lesquels on a tenu le Mémorial Horaire, soit de plusieurs pays qu'on a successivement habités.

A la suite de ces deux premières colonnes placées à gauche, qui commandent tout le tableau, viennent les *deux divisions générales de la vie*, qui comprennent elles-mêmes, la première, trois subdivisions composées chacune de trois colonnes, et la seconde, une seule subdivision formée de quatre colonnes.

La *première division* comprend la VIE INTÉRIEURE ET INDIVIDUELLE, ou la vie de l'homme considérée par rapport à lui-même; la *seconde division* embrasse la VIE EXTÉRIEURE ET SOCIALE, ou la vie de l'homme, considérée dans ses rapports avec les autres hommes et au sein de la société.

Les *trois branches* de la *première division générale* présentent les *trois rapports, physique, moral, intellectuel*, qui embrassent l'homme tout entier, quelles que soient sa condition, sa position ou sa sphère.

Le RAPPORT PHYSIQUE se compose de *trois colonnes*.

1.º La *première colonne* de cette subdivision, qui est la troisième du tableau (marquée C.), est destinée à

8

l'inscription des heures employées au SOMMEIL. Elle comprend aussi les momens du lever et du coucher, et le tems donné à la toilette et aux soins qu'exige la propreté.

A la suite du chiffre présentant ce nombre d'heures, est un petit espace laissé en blanc, où chacun peut placer à volonté une lettre convenue, pour se rappeler tel ou tel emploi d'une partie des heures passées au lit: *l. lu; p. pensé; f. fièvre; m. maladie*, etc. Ainsi, l'homme retenu long-tems au lit, soit par indisposition ou maladie, soit pour lire, ou pour jouir de la vie contemplative et méditative, et de ce repos délicieux du corps et de l'esprit, qui n'est ni le sommeil ni le travail, et qui prépare et favorise le développement de la pensée, n'aura pas à s'étonner ni à rougir de voir un nombre d'heures trop considérable dans la colonne du sommeil. Une seule lettre de convention lui expliquera par quel motif ce nombre excède, dans sa vie journalière, les proportions accoutumées et raisonnables.

2.° La *seconde colonne* du *Rapport physique*, ou la quatrième du tableau (marquée D.), présente le nombre des heures employées aux REPAS. Une lettre ou un signe convenu, placé après le chiffre pour rappeler si l'on a dîné en famille ou en ville, et seul ou avec une réunion d'amis ou d'étrangers, fera connaître pourquoi le nombre d'heures passées à table se trouve quelquefois très-différent d'un jour à l'autre. On apprécie, également, par ce moyen, l'influence des repas plus ou moins prolongés sur la santé, sur le tempérament, et sur les facultés de l'esprit. On a vu des hommes d'état, des hommes de lettres, des artistes, des commerçans, des militaires, incapables de se livrer à un travail suivi ou d'exécuter une entreprise importante après un long ou un grand festin. Quelques personnes, au contraire, réussissent, par une habitude salutaire de sobriété, ou par une heureuse disposition de leur tempérament, à travailler, avec un esprit parfaitement libre, après comme avant les repas. Notre état intellectuel et moral est subordonné, le plus souvent, à notre état physique.

3.° La *troisième colonne* du *Rapport physique*, ou la cinquième du tableau (marquée E.), comprend les heures données aux EXERCICES DU CORPS, aux *promenades*, aux *jeux d'exercice,* propres à développer la force et l'adresse, aux *bains,* à la *chasse,* etc. La lettre *b,* à la suite du chiffre, indiquera les *bains* qu'on aura pris; les lettres *p., c.* ou *ch.* pourront indiquer le nombre de *promenades,* de *courses à cheval,* de *parties de chasse,* qu'on aura faites dans le mois et dans l'année. On conservera, de la manière la plus simple et la plus abrégée possible, le souvenir de tous les emplois de sa vie, déterminés par heure et par jour. Chaque individu pourra changer et modifier à son gré les lettres et les signes de convention, suivant les emplois particuliers de ses instans qui auront le plus d'intérêt pour lui, et dont il voudra pouvoir se rappeler.

Le RAPPORT MORAL, comprend les *trois colonnes* ci-après:

1.º (*Sixième colonne* du tableau, marquée F.) EXERCICES DE RELIGION et PRIÈRES; PLAN DE CONDUITE DE LA JOURNÉE; EXAMEN MORAL et TENUE DU MÉMORIAL JOURNALIER (pour ceux qui en font usage).

Ici, l'homme religieux et le philosophe inscriront les heures employées, soit à la prière, aux exercices de piété, aux devoirs de religion, aux rapports de l'homme avec la divinité, soit à s'observer eux-mêmes, à régler ou à modifier d'avance l'emploi de leur journée, à se rendre compte des résultats qu'elle aura produits.

2.º (*Septième colonne,* marquée G.) RELATIONS DOMESTIQUES et DE FAMILLE.

C'est ici la place des heures écoulées doucement au sein des foyers domestiques, avec son épouse, ses enfans, ses parens, ses amis les plus chers. Heureux celui qui verra grossir les chiffres inscrits dans cette colonne, quoiqu'elle ne doive pas s'enrichir aux dépens des autres! notre tableau analytique de la vie n'exclut ni ses plus doux emplois, ni les sentimens les plus moraux, ni les plaisirs les plus purs que la nature nous ait réservés.

3.º (*Huitième colonne,* marquée H.) AFFAIRES ÉCONOMIQUES OU D'INTÉRET, *et AFFAIRES D'ORDRE.*

On y inscrit le nombre d'heures employé à régler ses affaires personnelles et son économie domestique. Chaque homme riche ou pauvre, peu ou très-occupé, doit donner, de tems en tems, une ou quelques heures à cette colonne. *Les richesses*, dit Montaigne, *viennent plus de l'ordre que des recettes. L'esprit d'ordre*, principe de toutes les bonnes habitudes nécessaires à tous les hommes dans toutes les conditions, est un élément essentiel de conservation, de fortune et de bonheur.

Observation générale. On peut ajouter, à la suite des chiffres de chacune de ces trois colonnes de la *vie morale*, et de celles qui vont suivre, des lettres ou signes de convention, tracés, si l'on veut, soit à l'encre rouge, soit au crayon, ou bien en très-petits caractères, parfaitement distincts, des chiffres indicatifs des heures, pour ne point rendre confus un tableau destiné à offrir la représentation, en quelque sorte, matérielle et la véritable intuition de l'existence, et pour ne laisser échapper aucun des souvenirs journaliers, auxquels on peut attacher quelque intérêt.

Du reste chacun est libre de faire ou non usage des signes proposés, qui ne sont qu'un accessoire dans la tenue du *Mémorial Horaire*, ou de n'en adopter qu'un petit nombre, à son choix, pour fixer les objets de détail les plus importans pour lui, et qui se renouvellent le plus fréquemment dans sa vie. Le tableau, moins chargé de signes, n'en sera que plus facile à former et moins compliqué.

Le Rapport intellectuel comprend aussi *trois subdivisions et trois colonnes.*

1.° (*Neuvième colonne* du tableau, marquée I.) Travaux d'obligation, qui résultent des fonctions qu'on remplit, ou des devoirs imposés à chaque individu, suivant son état et sa situation. Si ces travaux sont de différente nature, on peut ajouter, au nombre d'heures qu'ils ont exigé chaque jour, un signe indicatif du genre d'occupation auquel ces heures ont été plus spécialement consacrées.

En effet la *vie intellectuelle*, même pour la seule subdivision des *travaux d'obligation*, peut embrasser plusieurs branches : *vie publique*, pour les fonctionnaires dont une partie du tems appartient au public ; *vie administrative* ou *judiciaire*, pour les administrateurs, les magistrats, etc. ; *vie bureaucratique*, pour les chefs et employés de bureaux ; *vie militaire* ; *vie littéraire* ; *vie académique*, etc. Quelques hommes, qui réunissent plusieurs fonctions,

ont aussi plusieurs subdivisions de leurs travaux d'obligation, qu'ils peuvent distinguer, soit par un *signe de
convention*, placé dans notre colonne actuelle à la suite
du chiffre indicatif des heures, soit par un *mot de recherche*, dans la *colonne des notes et souvenirs* (marquée
R), dont il sera parlé ci-après, ou dans l'espace qui
reste libre au bas de chaque tableau.

2.° (*Dixième colonne*, marquée J.) TRAVAUX LIBRES OU
DE CHOIX, auxquels on donne, en les variant, d'après
son inclination et ses goûts, le nombre d'heures de loi-
sirs, dont on peut disposer. Chacun détermine à volonté,
par un signe qui accompagne le chiffre, la nature du
travail de choix auquel il s'est livré de préférence:
tour-à-tour, *d.*, *dessin*; *b.*, *botanique*; *p.*, *poésie*, etc.
Il sera souvent agréable et utile à un auteur de pouvoir
connaître, au moyen des chiffres inscrits dans cette
colonne, et des mots de recherche placés dans celle
des souvenirs (R.), combien il aura employé de tems
à un ouvrage de longue haleine, à quelle époque il l'aura
commencé et fini, et de pouvoir ainsi calculer avec
assez de précision combien d'heures et de jours exigera
un autre travail du même genre. Cette facilité de fixer
d'avance le nombre d'heures nécessaire pour obtenir un
résultat déterminé, est surtout précieuse dans les fonctions publiques, dans l'administration, dans l'état militaire, dans les professions d'architecte, d'arpenteur
géomètre, d'ingénieur, etc., et s'applique à une variété
infinie de combinaisons et à un grand nombre de circonstances où elle procure des avantages incalculables.

3.° (*Onzième colonne*, marquée K.) LECTURES.

Chaque homme, un peu cultivé, doit consacrer, de
tems en tems, une ou plusieurs heures à quelque lecture
bonne et utile, attachante ou agréable, analogue, autant qu'il est possible, à ses travaux d'obligation ou
de choix, et propre à fortifier en lui le genre d'instruction, dont il éprouve plus particulièrement le besoin.

La *seconde division générale* (VIE SOCIALE ou RAPPORT
SOCIAL et RELATIONS), comprend *quatre colonnes*.

1.° (*Douzième colonne* du tableau, marquée L.) COR-
RESPONDANCE.

On inscrit le nombre des heures données à sa *correspondance particulière*, indépendamment de celle qui peut
faire partie des travaux d'obligation.

2.º (*Troisième colonne*, marquée M.) VOYAGES et
TOURNÉES.

On place dans cette colonne le nombre des heures
employées en route, lorsqu'on voyage. On peut ajouter
un signe de convention, qui annonce qu'elles n'ont pas
été entièrement perdues, sous d'autres rapports, soit
qu'on ait dormi, lu ou travaillé de tête et pensé en
voiture (*s. sommeil ; l. lecture ; p. pensée*). Souvent, le
tems même passé en voyage est employé de la manière
la plus productive. L'esprit, dégagé des affaires et des
devoirs de la vie habituelle, se trouve plus libre. Le
contraste du mouvement de la voiture et du changement
continuel de lieu avec le repos forcé du corps, semble
communiquer à l'esprit une plus grande activité. On
aime à sentir qu'on peut multiplier ainsi les produits
du tems, en obtenant des résultats de sa *vie intellectuelle*,
tandis qu'on donne la plus grande activité possible à
son *existence physique*, en passant rapidement d'un pays
dans un autre. La succession et la variété des objets,
qui frappent les sens et l'imagination, contribuent aussi
à produire cet effet (1).

3.º (*Quatorzième colonne* du tableau, marquée N.)
SOCIÉTÉ, VISITES, JEUX. Tout homme a besoin d'ac-
corder un certain nombre d'heures aux *relations* avec
ses semblables, aux *visites* à rendre et à recevoir, à
la *société*. Beaucoup de personne emploient aussi, chaque
jour un intervalle de tems plus ou moins considérable
au *jeu*. (Nous ne parlons point ici des *jeux d'exercice*,
qui ont dû trouver leur place dans la *troisième colonne*
de la *vie physique. Exercices du corps* E.) — Les momens employés, soit dans la société, soit à jouer,
se retrouvent dans notre colonne actuelle, qui doit,
comme les précédentes, ne point s'enrichir aux dépens
des autres. La lettre *j*, après le chiffre, indique le
nombre des heures données au *jeu*.

4.º (*Quinzième colonne*, marquée O.) THÉATRES, BALS,
CONCERTS et FÊTES. Notre Méthode n'exclut point les
plaisirs, les spectacles, les fêtes, les cercles brillans,
les redoutes, les bals, les doux instans consacrés à la
musique et à la danse. L'homme de plaisir et l'homme

____

(1) J'ai entendu citer un poète et un musicien, qui se trouvaient comme inspirés,
lorsqu'ils voyageaient, et qui ont fait en voiture leurs compositions les plus estimées.

du monde doivent trouver aussi, dans notre tableau complet de la vie humaine et sociale, la colonne qui leur appartient plus spécialement. Mais, le nombre d'heures que cette colonne sera dans le cas de reproduire à leurs yeux, ne doit point excéder de justes proportions, s'ils ne veulent pas corrompre le plaisir même par l'abus et la satiété.

La *seizième colonne*, marquée P., qui n'appartient exclusivement ni à la vie intérieure et individuelle, ni à la vie extérieure et sociale, comprend à la fois les momens qu'on est obligé de perdre en *courses*, *allées* et *venues*, sans trop pouvoir s'en rendre compte, et cette portion de l'existence, qu'on peut appeler la VIE VÉGÉTATIVE, abandonnée au *far niente*, très-différente de la *vie méditative*, qui est un repos actif de l'esprit, et qui trouve sa place dans l'une des deux premières colonnes du Rapport Intellectuel.

C'est ici qu'on dépose le résidu de la vie, et la somme des excédans ou des fractions restant dans la journée au-delà des heures déjà inscrites. Car, il ne faut point, en appliquant notre Méthode, s'assujettir à une inspection trop rigoureuse dans la revue de ses instans, et s'arrêter aux minutes ni même aux quarts-d'heure isolés. Un calcul trop minutieux et trop exact fatiguerait la mémoire, tourmenterait l'esprit, ferait perdre des momens précieux, au lieu d'en procurer un emploi plus économique et mieux ordonné. Mais, on doit prendre sommairement et approximativement, en se rapprochant néanmoins le plus possible de la vérité, les heures qui ont eu des emplois positifs et déterminés, et se débarrasser des fractions, qu'on partage entre les colonnes qui paraissent y avoir le plus de droits, ou qu'on verse dans notre colonne actuelle, s'il s'agit en effet d'un emploi vague de momens dissipés çà et là, comme il s'en trouve beaucoup dans la vie. Les hommes sages aimeront à ne point laisser trop grossir la somme des heures portées dans cette colonne. *La paresse*, dit Fénélon, *étouffe l'esprit ; les gens mous et inappliqués, quelque génie qu'ils aient, se rendent imbécilles et se dégradent eux-mêmes* (1). — L'homme est né pour l'action,

---

(1) Traité de l'éducation des filles.

14

comme le feu tend en haut et la pierre en bas. N'être point occupé, et n'exister pas, c'est la même chose pour l'homme (1).

La *dix-septième colonne* (marquée de la lettre Q.) comprend la *somme des vingt-quatre heures de chaque jour*, et au bas de chaque page, le montant des heures de la quinzaine ou du mois. On retrouve ici le total des heures réparties en détail dans les différentes cases de la ligne de chaque journée. On avait à dépenser *vingt-quatre heures*; on voit exactement ce qu'elles sont devenues. On saisit d'un coup-d'œil les détails et l'ensemble de sa journée, et successivement de chaque semaine, de chaque mois, de chaque année, considérés suivant leurs divers emplois.

Deux colonnes isolées, indépendantes des deux grandes divisions de la vie et de leurs subdivisions, sont placées hors du cadre qui embrasse les 24 heures de la journée, sur la droite de notre tableau, et lui servent de compléments.

Dans l'une, destinée aux Notes et aux Souvenirs (*dix-huitième colonne*, marquée R.), chacun peut rappeler, en une ou deux lignes, correspondantes à la ligne de chaque jour, et avec un seul ou quelques *mots de recherche*, l'emploi le plus marquant de sa journée, que les chiffres et les signes qui suivent ne suffisent pas pour indiquer; soit le nom d'une ville où il a passé, d'un lieu consacré par une bataille où il s'est trouvé, d'un ami avec lequel il s'est réuni, d'un homme distingué qu'il a rencontré dans la société; soit le titre d'un bon ouvrage qu'il a lu, ou l'expression la plus abrégée d'un fait lumineux et instructif qu'il a recueilli, d'un grand événement dont il a été témoin. On fixe par écrit le souvenir le plus intéressant, qui se rattache à la journée dont on fait l'examen.

Du reste, chaque homme, jaloux de se perfectionner et de s'instruire, n'en doit pas moins tenir, pour son usage, des tablettes particulières, dont nous donnerons ci-après le modèle (qu'on trouve aussi dans les notes à la suite de l'*Essai sur l'emploi du tems*), pour y consigner les *faits*, les *observations* et les *souvenirs* utiles et instructifs qu'il ne veut point laisser échapper. Il

---

(1) Condorcet. Notes sur les pensées de Pascal.

applique alors ces paroles de Bacon: *Sentir et remarquer ce qu'on sent, c'est observer, c'est acquérir de l'expérience.* — Notre petit HORAIRE n'a d'autre but que de permettre à l'homme très-occupé de se rendre compte de sa vie, sous tous les rapports, avec le moins de peine et dans le moindre espace de tems possible, et de faciliter à l'homme d'un caractère indolent et paresseux, ou d'un esprit très-indépendant, peu susceptible par conséquent de s'assujettir à une règle constante, à une méthode journalière, les moyens de connaître et de recueillir, en une seule minute par jour, les résultats de l'emploi de son tems que chaque journée lui présente.

La *dix-neuvième et dernière colonne* (marquée S.) est destinée à l'inscription des CHIFFRES ou SIGNES DE CONVENTION (que chacun choisit à son gré, et dont il garde, s'il veut, la clef pour lui seul), qui servent à indiquer si l'on a lieu d'être ou non satisfait de l'emploi de sa journée (1). *Celui-là*, dit Montaigne, *sera véritablement maître de lui-même, et vivra content, qui, à la fin de chaque jour, pourra dire : J'ai passé agréablement et utilement cette journée.* *Qu'elle est belle*, dit Sénèque, *la coutume d'entrer, tous les soirs, dans le détail de ce qu'on a fait le jour. Que le sommeil qui suit est doux et tranquille, lorsqu'on a occasion de se louer du bien qu'on a fait, du zèle qu'on a mis à remplir ses devoirs, ou qu'en s'avouant ce qu'on a fait de mal, on s'endort avec la résolution de se corriger.*

Quand l'heure du sommeil vient fermer ta paupière,
Sur le jour qui n'est plus porte un regard sévère ;
Sur le bien, sur le mal interroge ton cœur ;
Sois toi-même ton juge et ton accusateur ;
Le repentir du mal te rendra l'innocence ;
Le souvenir du bien sera ta récompense (2).

---

(1) J'ai entendu citer un homme de lettres distingué, philosophe estimable, qui tient un petit livret, sur lequel il a l'habitude de marquer, chaque soir, avant de se mettre au lit, ou chaque matin, en se levant, s'il est ou non content de la manière dont il a employé sa journée. Cette méthode, salutaire autant qu'elle est simple et facile, lui procure l'avantage de se perfectionner peu-à-peu, et de tirer un plus grand profit de sa vie.

(2) Vers dorés de PYTHAGORE, traduits par M. Lachabeaussière.

Utilité du MÉMORIAL HORAIRE.

Tous les hommes qui connaissent le prix du tems, qui savent que la vie est toujours assez longue, lorsqu'elle est bien remplie, et qui en estiment la valeur comme celle des métaux précieux, non par son étendue, mais par son poids, apprécieront les avantages de notre Méthode. Elle n'est qu'une application des leçons données et des principes établis par les philosophes les plus estimés, depuis Pythagore, Confucius et Socrate, Cicéron et Sénèque, jusqu'à Montaigne, Bacon, Pascal, Locke, Fénélon, Massillon, Addisson, Rollin et Franklin. On fournit ici un instrument infiniment simplifié pour mettre leurs théories en pratique. Quelques développemens sur la manière d'employer cet instrument pourront en rendre l'usage plus facile (1).

Nous devons insister encore sur la nécessité de ne point s'arrêter à un calcul trop rigoureux des détails de la vie, mais de prendre les heures en masse pour en résumer les divers emplois, en se conformant le plus qu'il est possible à l'exacte vérité. Il importe néanmoins que ces détails journaliers soient l'objet d'une continuelle surveillance. *La vie elle-même*, dit Montaigne, *n'est qu'une contexture de punctiles et niaiseries; mais, les grands effets dépendent ordinairement des plus petites actions.* Un des plus illustres pères de l'Église (Saint Jérôme) recommande de *ne point mépriser comme minutieuses les petites choses, sans lesquelles on ne peut arriver aux grandes.*

De même qu'on s'habitue sans peine à monter sa montre, tous les matins ou tous les soirs, on peut, avec une égale facilité, inscrire sur notre livret, chaque matin, à son lever, ou le soir, avant de se livrer au sommeil, les divers emplois des vingt-quatre heures qui ont précédé.

---

(1) Les Résultats positifs et les avantages de la Méthode qu'on propose ont été longuement développés dans l'*Essai théorique sur l'Emploi du tems*, dans l'instruction qui précède les tablettes du *Mémorial portatif ou Livret pratique d'Emploi du tems*, et dans l'article analytique sur ces deux ouvrages, inséré dans le cahier de la BIBLIOTEQUE BRITANNIQUE du mois d'octobre 1811, DIVISION : LITTÉRATURE, philosophie morale ; *Emploi du tems*, p. 167 et suivantes.

L'homme de cabinet peut conserver son *Horaire* sur sa table, et toujours à sa disposition; le militaire, le voyageur peuvent le porter sur eux et l'avoir également sous la main. A défaut de plume et d'encre, on écrit au crayon, sur une feuille de papier qu'on tient en réserve ou qu'on peut se procurer, le nombre des heures dépensées dans la journée pour chacun des emplois de la vie, en marquant seulement la lettre indicative de la colonne, et à la suite le nombre d'heures qui lui appartient: C. 5, D. 2, etc., pour reporter ensuite les mêmes chiffres sur l'horaire, lorsqu'on trouve un moment favorable; ainsi, dans aucune circonstance, la Méthode n'est interrompue.

Cette inscription, au moyen des tablettes qu'on a disposées, peut se faire en une seule minute. Un coup d'œil rapide sur le jour écoulé, dont tous les souvenirs sont encore présens à l'imagination et à la pensée, suffit pour établir ce résultat. On peut remplir, en se levant, la colonne du sommeil pour la nuit qui vient de finir. Le soir, avant de se coucher, ou le lendemain matin, on remplira les autres colonnes. On fait toujours partir son calcul du moment où l'on s'est mis au lit, le soir précédent. Je me suis couché à onze heures; je me suis levé à six; donc, je dois écrire *sept heures de sommeil* (1). J'ai donné un quart d'heure à mon repas du matin, environ trois quarts d'heure à mon dîner; j'inscris une heure dans la colonne des *repas*. Je parcours ainsi, dans la pensée, chacun des emplois de la vie, indiqués par le tableau. Je m'en tiens à un calcul approximatif, qui suffit pour remplir mon but, et je détermine l'emploi à peu près exact de chaque intervalle de vingt-quatre heures.

Au bout de quelque tems, on compare les jours et les mois entr'eux, les totaux de chaque colonne par jour, par quinzaine, par mois et par année. Les chiffres et les signes, placés dans les différentes colonnes, frappent la vue des hommes les plus superficiels et les moins réfléchis, fixent leur imagination volage, et appliquent leur esprit, sans qu'ils s'en aperçoivent et

---

(1) *Sept heures de sommeil, en tout tems, à tout âge, satisfont la nature et suffisent au sage.*

sans qu'il leur en coûte. On fait servir le *passé*, pour diriger le *présent*, pour éclairer et améliorer l'*avenir*. On rétablit l'équilibre entre les divers emplois de ses instans, tour-à-tour au profit de l'un des quatre rapports physique, moral, intellectuel et social, quand l'un d'eux a été négligé. On se rend maître de son tems et de soi-même. La vie la plus mobile devient méthodique et régulière, au milieu même de ses variations, qui demeurent soumises à la combinaison et au calcul.

Le tableau analytique, dont on a fait connaître les divisions générales, les subdivisions particulières, les colonnes et leur destination, présente la vie humaine et sociale comme une sorte de clavecin, dont on frappe tour-à-tour les différentes touches; elles répondent au doigt qui les presse, et leurs différens tons doivent se trouver en harmonie. Si une seule, ou deux, ou trois sont frappées exclusivement, les accords ne sont pas assez variés: leur monotonie a quelque chose qui blesse. Si on passe trop rapidement de l'une à l'autre, sans s'arrêter sur aucune, l'impression produite par les accords n'est pas assez soutenue ni assez profonde.

L'usage de nos tablettes sert à maintenir en équilibre et en harmonie les différentes parties dont la vie se compose, et dont aucune ne doit être négligée. Ces tablettes, qui renferment dans leurs colonnes analytiques et méthodiques, tous les résultats de la vie, quelque mobile et variable qu'elle puisse être, fournissent une sorte de miroir où se réfléchit l'existence journalière. Elles procurent la faculté de restituer, de tems en tems, à chacune des divisions et à chacune des colonnes ce qu'elles ont pu recevoir en moins, ou de leur ôter ce qu'elles ont pu prendre en trop.

Si, pendant plusieurs jours de suite, des occupations excessives et forcées ont absorbé un grand nombre d'heures, qui s'accumulent dans la colonne des *travaux d'obligation*, je m'aperçois bientôt qu'elle s'est remplie aux dépens des autres, et je m'étudie à trouver le moyen de lui donner un peu moins, les jours suivans. Je ménage alors quelques heures de plus pour les autres subdivisions.

Si le *Rapport physique* a été négligé, si les colonnes du *sommeil* et des *exercices du corps* sont presque entièrement vides, je reconnais que ma santé pourrait en souffrir, et je modifie l'emploi de mes vingt-quatre heures, de manière à pouvoir placer des chiffres un peu plus forts dans ces colonnes.

Si mon *Rapport moral* ou mon *Rapport social* est en souffrance, parce que les deux autres branches de ma vie ont dévoré la plupart des heures, je dispose mon tems pour restituer quelques heures, dans les jours qui vont suivre, soit à ma famille, à mes affaires économiques et personnelles, soit à mes relations au dehors et à la société.

Si, au contraire, la colonne des *visites* et celle des *théâtres* et des *fêtes* m'annoncent, par les chiffres qu'elles renferment, que j'ai été, pendant quelques jours, entraîné dans une sorte de tourbillon, je songe à rentrer dans le cercle de ma vie intérieure et de mes occupations habituelles, et je reporte mon attention sur les autres colonnes du tableau, laissées en blanc ou presque vides, depuis une ou plusieurs semaines.

Ce petit travail d'esprit, qui consiste à balancer les comptes des différentes colonnes, d'après la seule inspection du tableau et le rapprochement des chiffres qu'elles renferment, devient très-simple et facile par l'habitude, et peut même paraître amusant et agréable ; mais il est surtout moral, instructif et très-utile. Il paraît avoir quelque analogie avec les jeux de combinaison (tels que les *échecs*, les *dames*, etc.), auxquels plusieurs hommes laborieux et instruits ne dédaignent pas de consacrer beaucoup d'instans, pour délasser leur esprit.

On considère chacun des emplois de la vie, tour-à-tour comme *créancier* et comme *débiteur*. On lui doit des momens ou des heures ; il doit des résultats. On lui accorde les instans qu'il a droit de réclamer ; on examine s'il rend à peu près ce qu'on a droit d'en attendre. On a soin de conserver une juste proportion entre ce qu'on donne et ce qu'on reçoit.

L'homme, dont la vie se compose des quatre principales subdivisions (*physique*, *morale*, *intellectuelle* et *sociale*) que nous avons distinguées, peut se trouver, sous ces quatre rapports, dans trois états différens : de *déviation*, de *stagnation* ou de *progression*. S'il y a *déviation*, il importe de la remarquer à tems pour pouvoir l'arrêter : on empêche alors qu'elle n'arrive jusqu'au point où il deviendrait impossible d'en détruire les effets. S'il y a *stagnation*, il faut secouer la machine humaine, sujette quelquefois à une sorte de torpeur et d'assoupissement léthargique, qui paralyse et engourdit nos forces, et qui plonge l'homme dans un état honteux d'indolence et de nullité. S'il y a *progression*, il faut voir en quoi elle consiste, et la favoriser sans la précipiter. Mais, l'un de ces trois états peut appartenir exclusivement à une seule branche de la vie, ou bien à deux, à trois, et non pas à toutes les quatre, ou même à quelques colonnes particulières de chacune d'elles, en sorte que ce qui est *progression*, pour l'une, produise une *stagnation* prolongée, ou une *déviation* insensible dans les autres. Il faut donc s'attacher à maintenir un parfait équilibre entre les quatre rapports dont la vie se compose, et s'assurer que la progression est à peu près égale dans tous, ou du moins que, dans chacun d'eux, les époques de stagnation ou de déviation sont passagères et momentanées.

Il convient d'indiquer un résultat singulier et satisfaisant de la tenue habituelle de notre petit *Horaire*. Nous l'avons déjà fait entrevoir, en indiquant la manière de remplir la *colonne des heures du sommeil*, qui n'est quelquefois trop pleine que parce qu'une partie des heures passées au lit a été employée à lire, à penser ou à travailler. Nous avons aussi fait remarquer, à l'article de la *colonne des voyages*, que souvent, en voiture, pendant que le *corps* est transporté d'un lieu dans un autre, pendant que des scènes variées de la nature et plusieurs pays différens se succèdent devant les yeux, l'*esprit* mis en mouvement et comme inspiré par la mobilité des objets qui le frappent, reçoit une plus grande activité, s'échauffe, travaille, conçoit et crée.

Ainsi, pendant un voyage, ma ligne d'une journée m'aura donné, je suppose, 21 *heures* passées en voiture, inscrites dans la colonne *voyages et tournées*, 1 *heure* de *repas* dans une auberge, et 2 *heures* de *sommeil*. Voilà mes 24 *heures*; et, si toutes mes journées devaient ressembler à celle-là, j'aurais sujet d'en regretter l'emploi. Mais, si, au-delà des heures passées au lit, j'ai pu dormir cinq heures en voiture, la proportion se trouve rétablie au profit de la colonne du sommeil, qui n'avait pas eu le nombre d'heures que la nature de l'homme paraît exiger.

J'ai donc ajouté, aux 21 heures passées en voitures et employées à voyager, 5 heures employées à dormir; supposons que, sur les mêmes 21 heures de voyage, j'en ai employé 3 autres à lire, qui seront marquées, si l'on veut, au crayon ou à l'encre rouge, dans la colonne *lectures*, et 2 à faire une composition en vers ou en prose, inscrites aussi à l'encre rouge dans la colonne des *travaux de choix*: j'aurai 10 heures employées au-delà des 24 déjà marquées. Donc ma journée de 24 heures m'aura produit un résultat de 34. Il est plusieurs circonstances où l'on peut ainsi multiplier la vie; et, dans tous le cas, on connaît exactement ce qu'elle devient (1).

Une Méthode n'est évidemment et réellement bonne, qu'autant qu'elle simplifie et régularise les moyens de satisfaire à un besoin généralement senti. On a conseillé souvent, et beaucoup de personnes ont essayé de régler d'avance, chaque matin, le plan de la journée. Cet usage, par lequel on cherche en quelque sorte à fixer l'avenir, est bon et utile, mais insuffisant. Cet avenir nous échappe. On est entraîné par le tourbillon des affaires; plusieurs incidens imprévus ou des circonstances impérieuses dérangent le plan qu'on s'est tracé. Il fallait donc suivre une autre marche. Ici, la méthode

---

(1) Je crois devoir ajouter un second exemple qui fera mieux juger comment on peut réunir quelquefois, dans un même nombre d'heures, plusieurs emplois différens de la vie.

Fatigué d'un long travail de cabinet, j'ai besoin de rafraîchir mon imagination, de reposer ma tête, de respirer un air libre et pur; je m'échappe dans la campagne, j'accorde une ou deux heures au *Rapport physique* et à la colonne des *Exercices du corps* (E). Mais, j'ai à m'occuper d'un travail qui m'attache et m'intéresse, ou à m'entretenir avec un homme instruit sur des objets relatifs à mes travaux d'obligation ou de choix. Le moment de ma promenade, consacré par une méditation utile, par un entretien instructif, par une leçon vivante et animée, se trouve appartenir à la fois au *Rapport physique* (colonne E) et au *Rapport intellectuel* (colonne I ou J, *Travaux d'obligation* ou *Travaux libres*). Je dirige ma promenade vers une maison de campagne habitée par une famille avec laquelle j'entretiens des relations d'amitié. Je lui fais une visite, différée depuis plusieurs semaines. Je satisfais à la fois à mes trois rapports, *physique*, *intellectuel* et *social*; le même intervalle de tems me procure trois résultats. Je peux inscrire, dans la colonne des *notes et souvenirs* (N), ou dans l'espace libre, qui se trouve au bas de chaque tableau, les lettres des colonnes qui ont eu de cette manière un excédant, suivies d'un chiffre indicatif du nombre d'heures qu'elles ont eu en gain; par exemple, pour le cas dont il s'agit, I 2, N 2.

proposée ne gêne en rien le cours ordinaire de la vie:
elle se plie et s'accommode à toutes les positions, elle ne
contrarie aucune habitude ni aucun devoir, puisqu'elle
s'applique seulement au jour déjà employé. Elle intro-
duit l'ordre au sein du désordre; elle fait retrouver et
passer en revue les heures fugitives qui se sont écoulées; elle oblige et habitue l'esprit à se rendre compte
de la manière dont on a disposé du trésor le plus
précieux que nous ait donné la nature, le TEMS. Nous
sommes responsables à nous-mêmes, nous répondront
un jour devant Dieu du bon ou mauvais emploi que
nous en aurons fait. Saisissons donc un moyen d'impri-
mer à notre vie une meilleure direction, de la rendre
plus heureuse et plus productive. *Notre leçon*, dit encore Montaigne, *se passant comme par rencontre, sans
obligation de tems et de lieu, et se mêlant à toutes nos
actions, se coulera, sans se faire sentir. . . . . . Avez-vous
su méditer et manier votre vie? vous avez fait la plus
grande besogne de toutes . . . . c'est une absolue perfection,
et comme divine, de savoir jouir loyalement de tout son être.*

Tous les hommes qui se livrent trop exclusivement
à un seul emploi de la vie, et qui négligent les autres, soit qu'ils se laissent aller au doux et dangereux
penchant de la *paresse* que Fénélon appelle une *lan-
gueur de l'ame* et une *source inépuisable d'ennuis*, soit
que le torrent des plaisirs les entraîne, soit qu'ils sa-
crifient tout au développement de leur corps et aux
exercices physiques, soit qu'entièrement livrés aux
douceurs de la vie domestique, les sentimens moraux
et les affections de famille remplissent toute leur existence, soit qu'un zèle imprudent les porte à compro-
mettre leur santé par des travaux excessifs, par des
études immodérées, par des veilles laborieuses, par des
lectures prolongées trop avant dans la nuit, soit enfin
qu'ils abandonnent tous leurs instans au monde et à la société, aux fêtes et aux plaisirs: tous ces hommes, qu'une
passion dominante fait sortir des limites conseillées par la
raison, sont avertis, par notre méthode, d'apporter un sage
tempérament et une certaine modération dans la répar-
tition des divers emplois de leur vie. Car, dans la position même la plus dépendante, on peut toujours trouver quelques heures disponibles, dont l'emploi bien

ordonné suffit pour compenser les sacrifices qu'on a été obligé de faire, soit aux devoirs de sa place, soit aux convenances sociales, et pour rétablir à peu près l'équilibre.

En considérant l'éducation dans ses rapports avec la vie sociale et avec l'emploi du tems, on peut regarder notre Mémorial comme une suite et un complément d'une bonne éducation, puisqu'il accompagne les élèves, qu'elle a formés, dans le monde et dans la société, pour leur servir de Mentor, de régulateur et de guide, et pour leur faire appliquer à leur propre vie et à leur conduite journalière les *principes*, les *caractères distinctifs*, les *moyens d'exécution* et les *résultats* de l'éducation qu'ils ont reçue (1).

J'aime à supposer un père de famille, tendre autant qu'éclairé, qui, à l'époque où il est obligé de se séparer de son fils, prêt à entrer dans une profession civile ou dans la carrière des armes, lui remet un exemplaire de nos tablettes et lui tient à peu près ce langage : « Mon fils, tu vas sortir de la maison paternelle, qui a été l'asyle de ton enfance; tu vas t'éloigner de ton père, qui a été ton premier ami, qui a dirigé tes premiers pas, qui continuera d'observer de loin, avec une tendre sollicitude, les détails de ta conduite. Tu ne dois pas redouter d'avoir ton meilleur ami pour témoin de tes actions. Voici le miroir fidèle, qui doit les reproduire à tes yeux et aux miens. Remplis exactement sur ce livret la ligne réservée pour chaque jour. Fais-moi parvenir, tous les mois, la copie des tableaux successifs dont le livret se compose. Je pourrai, quoiqu'éloigné de toi, m'associer à tes travaux et à tes plaisirs, connaître tous les emplois de tes journées, apprécier les résultats de ta vie. Toi-même, tu formeras, pour ton usage, un tableau complet de ton existence journalière, qui deviendra une leçon indirecte, mais éloquente. O mon fils, j'ai donné tous mes soins à préparer ton bonheur; c'est à toi maintenant de continuer mon ouvrage. »

---

(1) L'auteur de cet Horaire a présenté les développemens d'une méthode d'éducation et d'instruction considérée sous ces quatre rapports, dans l'ouvrage intitulé ESPRIT DE LA MÉTHODE D'ÉDUCATION DE PESTALOZZI, 2 vol. in-8°. Milan, 1812.

Deux époux éloignés peuvent employer le même moyen pour adoucir les ennuis de l'absence, pour réunir et confondre leur vie, en traçant chaque jour et en s'adressant mutuellement les tablettes dont nous leur offrons le modèle. Mais, une probité sévère, une noble franchise sont indispensables, pour que ces tablettes deviennent une véritable représentation de la vie. Autrement, elles ne seraient qu'un roman ridicule; et celui qui les aurait remplies de chiffres faux et menteurs, serait condamné lui-même à s'accuser et à rougir, chaque fois qu'il les verrait.

Quelques hommes d'une imagination vive, d'un esprit libre et indépendant, croiront peut-être que cette coutume d'inscrire les divers emplois de sa vie dans un petit nombre de colonnes, et de les soumettre à l'analyse et au calcul, est une sorte d'assujetissement et de servitude; qu'elle n'a pu être inventée et pratiquée que par un moraliste sévère, par un philosophe algébriste, par un froid géomètre; qu'elle peut tout au plus s'appliquer dans une vie parfaitement réglée, tranquille et sédentaire. Nous leur répondrons, pour prévenir et combattre cette objection par un fait positif:

« L'auteur du *Mémorial Horaire* est cependant un homme d'imagination, jeune encore, et malheureusement pour lui très-étranger aux sciences mathématiques, qu'il n'a pas eu le tems d'étudier, indépendant par caractère, ami des plaisirs et de la société, passionné pour tout ce qui est grand et beau, pour la vertu, pour la gloire et surtout pour cette gloire pure et touchante qui est fondée sur le bonheur des hommes, pour les femmes, ces fleurs de l'humanité, qui embellissent notre vie, adoucissent nos mœurs, épurent et ennoblissent nos sentimens; c'est un homme, enfin, naturellement paresseux, aimant à jouir de lui-même, à s'abandonner aux vagues rêveries, aux douces illusions des poètes; dont la vie a toujours été errante, vagabonde, dépendante, livrée à des fonctions pénibles, tourmentée par de continuelles vicissitudes…»

Moins il était maître de disposer et d'ordonner sa vie à son gré, plus il sentait vivement le besoin d'un régulateur. C'est au milieu des flots d'une mer orageuse qu'on apprécie l'utilité de la boussole et du gouvernail

C'est quand la vie est très-agitée, très-répandue, qu'elle s'évapore de toutes parts et qu'il faut la recueillir. Aussi, l'auteur de la Méthode, et quelques-uns de ses amis, qui en ont fait long-tems usage, dans le tourbillon des armées, dans de rapides et continuels voyages, dans des positions toujours mobiles, précaires, dépendantes, ont trouvé, par cette coutume, modifiée de mille manières et perfectionnée peu-à-peu, le moyen de mieux gouverner leur conduite et leur vie, de fixer leur imagination, de regagner et d'employer utilement beaucoup d'heures qui auraient été perdues et sans résultat ». Si l'on paraît craindre encore que la pratique de la Méthode soit contraire au développement et aux libres élans de l'imagination, nous répondrons par ce mot d'une femme justement célèbre: *Quoi de plus régulier que la nature? et cependant, quoi de plus poétique* (1)?

Notre instrument mécanique, disposé pour faciliter le compte rendu des divers emplois de chaque intervalle de vingt-quatre heures, paraît mériter d'autant plus de confiance, qu'il n'est pas une invention purement théorique, un procédé plus ou moins ingénieux, mais le résultat d'une expérience positive, d'une méthode pratiquée avec succès pendant plusieurs années par des personnes recommandables qui se sont félicitées d'en avoir fait usage. Notre but est d'arrêter, de fixer l'homme sur lui-même, de lui permettre d'augmenter, de multiplier sa vie, de le rendre habituellement mieux portant, meilleur, plus instruit, plus sage, plus heureux. L'ORDRE agrandit l'espace et multiplie le tems,

---

(1) *Bibliothèque Britannique*, Cahier du mois d'octobre 1811, pag. 185.

*NOTE EXPLICATIVE de la destination des colon-
nes du tableau ci-après, dont chacune est distin-
guée seulement par une des lettres de l'alphabet.*

A. Dates.
B. Température de chaque jour.

Rapport physique.

C. Sommeil.
D. Repas.
E. Exercices du corps ; promenades , bains , etc.

Rapport moral.

F. Prières, exercices de religion ; examen moral et
    tenue du mémorial; plan de conduite pour la
    journée.
G. Relations domestiques et de famille.
H. Affaires économiques ou d'intérêt , et affaires
    d'ordre.

Rapport intellectuel.

I. Travaux d'obligation.
J. Travaux libres et de choix.
K. Lectures.

Rapport social.

L. Correspondance.
M. Voyages et tournées.
N. Société , visites , jeux.
O. Théâtres , bals , concerts et fêtes.

P. Courses diverses , allées et venues , et *vie vé-
    gétative* abandonnée au *far niente*.

Q. Total des heures.

R. Souvenirs et notes.

S. Signes destinés à indiquer si l'on a lieu d'être
    ou non satisfait de l'emploi de sa journée.

INDICATION des abréviations dont on peut faire usage pour remplir la colonne B. du tableau ci-après, destinée à présenter l'état du ciel et la température de chaque jour.

b c.   beau ciel.
c.   ciel couvert.
c. c.   —— très-couvert.
n.   ciel nuageux.
n n.   —— très-nuageux.
br.   brouillards.
br. l.   —— légers.
br. é.   —— épais.
pl.   pluie.
pl. a.   —— abondante ou très-forte.
p. c.   —— continue.
p. f.   —— fine.
p. p. i.   —— par intervalles.
v.   vent.
w.   —— violent.
v. s.   —— Sud.
v. e.   —— Est.
v. n.   —— Nord.
v. o.   —— Ouest.
ng.   neige.
g.   gelée.
g. bl.   —— blanche.
gl.   glace.
t. s.   tems sec.
t. h.   —— humide.
t. br.   —— brumeux.
t. d.   température douce.
fr.   froid.
ch.   chaleur.
o.   orage.
s.   soleil.

MÉMORIAL HORAIRE

ou

THERMOMÈTRE

D'EMPLOI DU TEMS.

TABLEAU des divers emplois de la vie journalière, considérée sous les quatre rapports :

A.	B.	PHYSIQUE.			MORAL.			INTELLECTUEL.			SOCIAL.				P.	Q.	R.	S.
		C.	D.	E.	F.	G.	H.	I.	J.	K.	L.	M.	N.	O.				
1																24		
2																24		
3																24		
4																24		
5																24		
6																24		
7																24		
8																24		
9																24		
10																24		
11																24		
12																24		
13																24		
14																24		
15																24		
																360		

Suite du mois de JANVIER.

TABLEAU des divers emplois de la vie journalière, considérée sous les quatre rapports :

A.	B.	PHYSIQUE.			MORAL.			INTELLECTUEL.			SOCIAL.				P.	Q.		R.		S.
		C.	D.	E.	F.	G.	H.	I.	J.	K.	L.	M.	N.	O.					
1.re quinzaine	d'autre part.															360			
16																24			
17																24			
18																24			
19																24			
20																24			
21																24			
22																24			
23																24			
24																24			
25																24			
26																24			
27																24			
28																24			
29																24			
30																24			
31																24			
																744			

FÉVRIER. *TABLEAU des divers emplois de la vie journalière, considérée sous les quatre rapports*

A.	B.	PHYSIQUE.			MORAL.			INTELLECTUEL.			SOCIAL.				P.	Q.		R.		S.
		C.	D.	E.	F.	G.	H.	I.	J.	K.	L.	M.	N.	O.						
1																24				
2																24				
3																24				
4																24				
5																24				
6																24				
7																24				
8																24				
9																24				
10																24				
11																24				
12																24				
13																24				
14																24				
15																24				
																360				

Suite du mois de Février.

TABLEAU des divers emplois de la vie journalière, considérée sous les quatre rapports :

A.	B.	PHYSIQUE.			MORAL.			INTELLECTUEL.			SOCIAL.				P.	Q.		R.
		C.	D.	E.	F.	G.	H.	I.	J.	K.	L.	M.	N.	O.				
1re quinzaine	d'autre part															360		
16																24		
17																24		
18																24		
19																24		
20																24		
21																24		
22																24		
23																24		
24																24		
25																24		
26																24		
27																24		
28																24		
29																24		
																696		

MARS. .... *TABLEAU des divers emplois de la* vie journalière, considérée sous les quatre rapports :

A.	B.	PHYSIQUE.			MORAL.			INTELLECTUEL.			SOCIAL.				P.	Q.	R.	S.
		C.	D.	E.	F.	G.	H.	I.	J.	K.	L.	M.	N.	O.				
1																24		
2																24		
3																24		
4																24		
5																24		
6																24		
7																24		
8																24		
9																24		
10																24		
11																24		
12																24		
13																24		
14																24		
15																24		
																360		

Suite du mois de MARS.

TABLEAU des divers emplois de la vie journalière, considérée sous les quatre rapports :

A.	B.	PHYSIQUE.			MORAL.			INTELLECTUEL.			SOCIAL.				P.	Q.	R.		S.
		C.	D.	E.	F.	G.	H.	I.	J.	K.	L.	M.	N.	O.					
1.re quinzaine	d'autre part															36o			
16																44			
17																24			
18																24			
19																24			
20																24			
21																24			
22																24			
23																24			
24																24			
25																24			
26																24			
27																24			
28																24			
29																24			
30																24			
31																42			
																744			

 TABLEAU des divers emplois de la vie journalière, considérée sous les quatre rapports

A.	B.	PHYSIQUE.			MORAL.			INTELLECTUEL.			SOCIAL.				P.	Q.	R.		S.
		C.	D.	E.	F.	G.	H.	I.	J.	K.	L.	M.	N.	O.					
1																24			
2																24			
3																24			
4																24			
5																24			
6																24			
7																24			
8																24			
9																24			
10																24			
11																24			
12																24			
13																24			
14																24			
15																24			
																360			

Suite du mois d'Avril.

TABLEAU des divers emplois de la vie journalière, considérée sous les quatre rapports…

A.	B.	PHYSIQUE.			MORAL.			INTELLECTUEL.			SOCIAL.				P.	Q.			R.		S.
		C.	D.	E.	F.	G.	H.	I.	J.	K.	L.	M.	N.	O.	P.	Q.			R.		S.
1.re quinzaine	d'autre part.															360					
16																24					
17																24					
18																24					
19																24					
20																24					
21																24					
22																24					
23																24					
24																24					
25																24					
26																24					
27																24					
28																24					
29																24					
30																24					
																720					

M A I. *TABLEAU* des divers emplois de la vie journalière, considérée sous les quatre rapports :

A.	B.	PHYSIQUE.			MORAL.			INTELLECTUEL.				SOCIAL.				P.	Q.			R.		S.
		C.	D.	E.	F.	G.	H.	I.	J.	K.		L.	M.	N.	O.							
1																	24					
2																	24					
3																	24					
4																	24					
5																	24					
6																	24					
7																	24					
8																	24					
9																	24					
10																	24					
11																	24					
12																	24					
13																	24					
14																	24					
15																	24					
																	360					

Suite du mois de MAI.

TABLEAU des divers emplois de la vie journalière, considérée sous les quatre rapports :

| A. | B. | PHYSIQUE. | | | MORAL. | | | INTELLECTUEL. | | | SOCIAL. | | | | P. | Q. | R. | S. |
		C.	D.	E.	F.	G.	H.	I.	J.	K.	L.	M.	N.	O.				
1.re quinzaine	d'autre part															360		
16																24		
17																24		
18																24		
19																24		
20																24		
21																24		
22																24		
23																24		
24																24		
25																24		
26																24		
27																24		
28																24		
29																24		
30																24		
31																24		
																744		

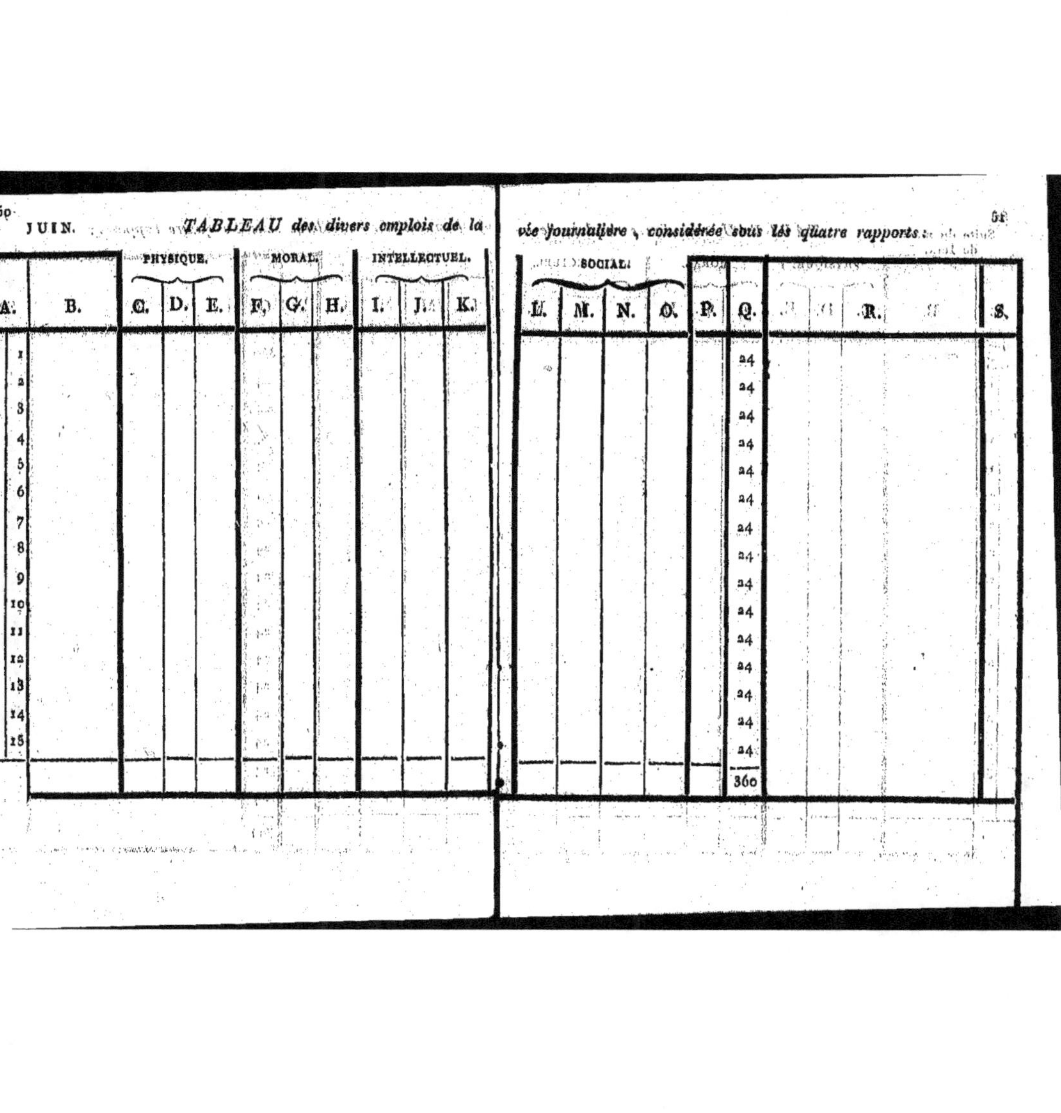

A.	B.	PHYSIQUE.			MORAL.			INTELLECTUEL.			L.	M.	N.	O.	P.	Q.		R.		S.
		C.	D.	E.	F.	G.	H.	I.	J.	K.			SOCIAL.							
1																24				
2																24				
3																24				
4																24				
5																24				
6																24				
7																24				
8																24				
9																24				
10																24				
11																24				
12																24				
13																24				
14																24				
15																24				
																360				

JUIN. — TABLEAU des divers emplois de la vie journalière, considérée sous les quatre rapports.

Suite du mois de JUIN.   *TABLEAU des divers emplois de la vie journalière, considérée sous les quatre rapports :*

A.	B.	PHYSIQUE.			MORAL.			INTELLECTUEL.			SOCIAL.					Q.	R.
		C.	D.	E.	F.	G.	H.	I.	J.	K.	L.	M.	N.	O.	P.		
1.re quinzaine	d'autre part.															360	
16																24	
17																24	
18																24	
19																24	
20																24	
21																24	
22																24	
23																24	
24																24	
25																24	
26																24	
27																24	
28																24	
29																24	
30																24	
																720	

A.	B.	PHYSIQUE.			MORAL.			INTELLECTUEL.			SOCIAL.					P.	Q.	R.		S.
		C.	D.	E.	F.	G.	H.	I.	J.	K.	L.	M.	N.	O.					
1																24			
2																24			
3																24			
4																24			
5																24			
6																24			
7																24			
8																24			
9																24			
10																24			
11																24			
12																24			
13																24			
14																24			
15																24			
																360			

Suite du mois de JUILLET.

TABLEAU des divers emplois de la vie journalière, considérée sous les quatre rapports

A.	B.	PHYSIQUE			MORAL			INTELLECTUEL			SOCIAL				P.	Q.			R		S.
		C.	D.	E.	F.	G.	H.	I.	J.	K.	L.	M.	N.	O.							
1.re quinsaine	d'autre part															360					
16																24					
17																24					
18																24					
19																24					
20																24					
21																24					
22																24					
23																24					
24																24					
25																24					
26																24					
27																24					
28																24					
29																24					
30																24					
31																42					
																744					

TABLEAU des divers emplois de la vie journalière, considérée sous les quatre rapports :

A.	B.	PHYSIQUE.			MORAL.			INTELLECTUEL.			SOCIAL.				P.	Q.			R.		S.
		C.	D.	E.	F.	G.	H.	I.	J.	K.	L.	M.	N.	O.							
1																24					
2																24					
3																24					
4																24					
5																24					
6																24					
7																24					
8																24					
9																24					
10																24					
11																24					
12																24					
13																24					
14																24					
15																24					
																360					

TABLEAU des divers emplois de la vie journalière, considérée sous les quatre rapports.

A.	B.	PHYSIQUE.			MORAL.			INTELLECTUEL.			SOCIAL.				P.	Q.		R.		S.
		C.	D.	E.	F.	G.	H.	I.	J.	K.	L.	M.	N.	O.						
1,re quinzaine	d'autre part.															360				
16																24				
17																24				
18																24				
19																24				
20																24				
21																24				
22																24				
23																24				
24																24				
25																24				
26																24				
27																24				
28																24				
29																24				
30																24				
31																24				
																744				

TABLEAU *des divers emplois de la vie journalière, considérée sous les quatre rapports:*

| A. | B. | PHYSIQUE. | | | MORAL. | | | INTELLECTUEL. | | | SOCIAL. | | | | P. | Q. | R. | S. |
		C.	D.	E.	F.	G.	H.	I.	J.	K.	L.	M.	N.	O.				
1																24		
2																24		
3																24		
4																24		
5																24		
6																24		
7																24		
8																24		
9																24		
10																24		
11																24		
12																24		
13																24		
14																24		
15																24		
																360		

TABLEAU des divers emplois de la vie journalière, considérée sous les quatre rapports :

A.	B.	PHYSIQUE.			MORAL.			INTELLECTUEL.			SOCIAL.					Q.	R.			S.
		C.	D.	E.	F.	G.	H.	I.	J.	K.	L.	M.	N.	O.	P.	Q.			R.	S.
1.re quinzaine	d'autre part,															360				
16																24				
17																24				
18																24				
19																24				
20																24				
21																24				
22																24				
23																24				
24																24				
25																24				
26																24				
27																24				
28																24				
29																24				
30																24				
																720				

OCTOBRE. *TABLEAU des divers emplois de la vie journalière, considérée sous les quatre rapports :*

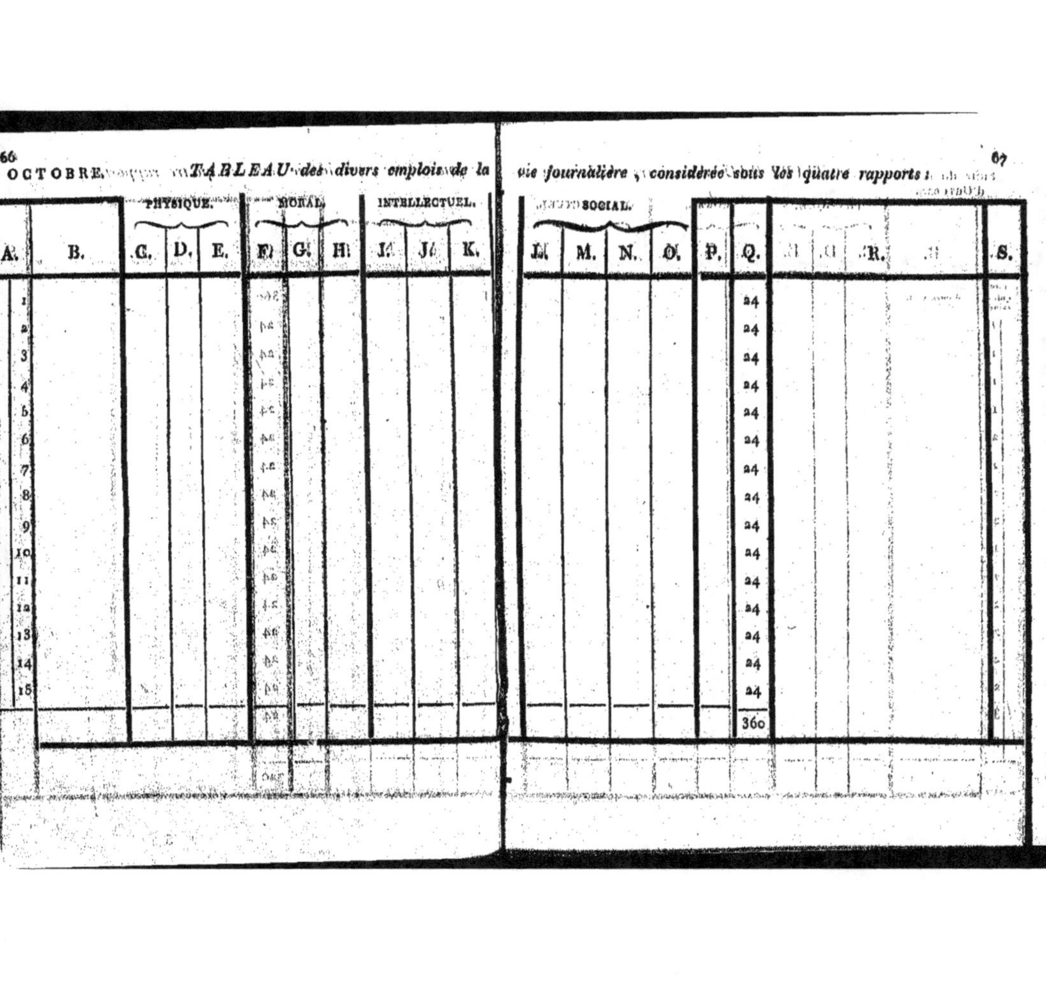

A.	B.		PHYSIQUE.			MORAL.			INTELLECTUEL.				SOCIAL.									
		C.	D.	E.	F.	G.	H.	J.	J.	K.	L.	M.	N.	O.	P.	Q.		R.			S.
1																24					
2																24					
3																24					
4																24					
5																24					
6																24					
7																24					
8																24					
9																24					
10																24					
11																24					
12																24					
13																24					
14																24					
15																24					
																360					

Suite du mois d'Octobre.

TABLEAU des divers emplois de la vie journalière, considérée sous les quatre rapports :

A.	B.	PHYSIQUE.			MORAL.			INTELLECTUEL.			SOCIAL.					Q.		R.		S.
		C.	D.	E.	F.	G.	H.	I.	J.	K.	L.	M.	N.	O.	P.					
1.re quinzaine	d'autre part															360				
16																24				
17																24				
18																24				
19																24				
20																24				
21																24				
22																24				
23																24				
24																24				
25																24				
26																24				
27																24				
28																24				
29																24				
30																24				
31																24				
																744				

TABLEAU *des divers emplois de la vie journalière, considérée sous les quatre rapports*

A.	B.	PHYSIQUE.			MORAL.			INTELLECTUEL.			SOCIAL.					Q.			R.	S.
		C.	D.	E.	F.	G.	H.	I.	J.	K.	L.	M.	N.	O.	P.	Q.	M.	D.	R.	S.
1																24				
2																24				
3																24				
4																24				
5																24				
6																24				
7																24				
8																24				
9																24				
10																24				
11																24				
12																24				
13																24				
14																24				
15																24				
																360				

Suite du mois de NOVEMBRE.

TABLEAU des divers emplois de la vie journalière, considérée sous les quatre rapports:

A.	B.	PHYSIQUE.			MORAL.			INTELLECTUEL.			SOCIAL.				P.	Q.		R.		S.
		C.	D.	E.	F.	G.	H.	I.	J.	K.	L.	M.	N.	O.						
1.re quinzaine	d'autre part															360				
16																24				
17																24				
18																24				
19																24				
20																24				
21																24				
22																24				
23																24				
24																24				
25																24				
26																24				
27																24				
28																24				
29																24				
30																24				
																720				

TABLEAU *des divers emplois de la vie journalière, considérée sous les quatre rapports.*

A.	B.	PHYSIQUE.			MORAL.			INTELLECTUEL.			SOCIAL.				P.	Q.	R.		S.
		C.	D.	E.	F.	G.	H.	I.	J.	K.	L.	M.	N.	O.					
1																24			
2																24			
3																24			
4																24			
5																24			
6																24			
7																24			
8																24			
9																24			
10																24			
11																24			
12																24			
13																24			
14																24			
15																24			
															360			

Suite du mois de DÉCEMBRE.

TABLEAU *des divers emplois de la vie journalière, considérée sous les quatre rapports :*

A.	B.	PHYSIQUE.			MORAL.			INTELLECTUEL.			SOCIAL.				P.	Q.	R.	S.
		C.	D.	E.	F.	G.	H.	I.	J.	K.	L.	M.	N.	O.				
1.re quinsaine	d'autre part.															360		
16																24		
17																24		
18																24		
19																24		
20																24		
21																24		
22																24		
23																24		
24																24		
25																24		
26																24		
27																24		
28																24		
29																24		
30																24		
31																24		
																744		

RÉCAPITULATION DE L'HORAIRE POUR L'ANNÉE 18

TABLEAU *des divers emplois de la vie journalière, considérée sous les quatre rapports :*

Mois de l'année.	B.	PHYSIQUE.			MORAL.			INTELLECTUEL.			SOCIAL.				P.	Q.	R.	S.
		C.	D.	E.	F.	G.	H.	I.	J.	K.	L.	M.	N.	O.				
Janvier.																		
Février.																		
Mars.																		
Avril.																		
Mai.																		
Juin.																		
Juillet.																		
Août.																		
Septemb.																		
Octobre.																		
Novemb.																		
Décemb.																		

EXPOSÉ SOMMAIRE

De la Méthode, d'emploi du tems, et But particulier de chacun des trois journaux dont elle conseille l'usage ; pour les jeunes-gens de 16 à 25 ans.

————

On croit utile de rappeler ici sommairement en quoi consiste la *Méthode d'emploi du tems*, développée dans le Traité théorique sur le même sujet, et de reproduire les titres et le but particulier des *trois journaux* dont elle conseille l'usage.

Cette Méthode se compose de *trois conditions essentielles* :

1. *Question* préalable et nécessaire, qu'on doit s'adresser, avant de parler ou d'agir : *A quoi cela est-il utile ? cui bono ?*

2. *Examen journalier*, fait régulièrement, chaque matin ou chaque soir, de l'emploi de la journée qui a précédé.

3. *Résumé par écrit* du compte rendu journalier de sa vie.

Cette dernière condition, appliquée dans toute l'étendue qu'on peut lui donner, comprend l'usage de *trois espèces de Mémoriaux* ou *journaux analytiques*, dont chacun a sa destination particulière et spéciale ; en sorte qu'on peut tenir à volonté soit un seul, soit deux de ces journaux, soit tous les trois à la fois, sans faire aucun double emploi.

Le premier et le plus simple de tous est notre MÉMORIAL HORAIRE, dont la tenue n'exige qu'*une minute par jour*.

Le second est le MÉMORIAL PORTATIF UNIVERSEL, ou LIVRET PRATIQUE D'EMPLOI DU TEMS ; composé

6

de tablettes usuelles, comprenant les *six divisions qui suivent* :

I. *Agenda général journalier*, pour les occupations et les affaires de la VIE COURANTE, qui sert à inscrire, d'une manière sommaire et substantielle, *l'emploi déjà fait de la journée qui a précédé, ou l'emploi projeté de celle qui va suivre*.

II. *Mémorial économique*, destiné à l'inscription des recettes et des dépenses journalières, qui embrasse, dans un très-petit nombre de tableaux, tous les élémens dont la fortune de chaque individu peut se composer, et toutes les variations et les mouvemens qu'elle peut éprouver, et qu'il importe de suivre, pour conserver un ordre constant dans sa VIE ÉCONOMIQUE.

III. *Mémorial des personnes*, qui comprend les noms et les adresses de ceux qu'on doit ou qu'on désire voir habituellement, ou à certaines époques, et les *relations* de la VIE EXTÉRIEURE ET SOCIALE.

IV. *Mémorial de correspondance active et passive*, qui présente le double tableau des *lettres écrites* et des *lettres reçues*, dont on veut tenir note, et conserver la date, et même le précis analytique, ou l'objet, exprimé souvent par un ou quelques *mots de recherche*, afin d'y recourir au besoin. C'est ici ce qu'on pourrait appeler la VIE ÉPISTOLAIRE. On place dans une colonne, réservée pour cet usage, l'un des deux signes ci-après, à la suite de l'inscription de chaque lettre : X, pour indiquer que la lettre écrite ou reçue n'exige pas de réponse ; R, pour indiquer qu'on a reçu ou écrit soi-même la réponse. La seule inspection de cette colonne permet de connaître toujours exactement son *actif* et son *passif*, dans ses relations de correspondance.

V. *Mémorial bibliographique*, destiné pour la VIE INTELLECTUELLE ET LITTÉRAIRE, sur lequel chacun inscrit, à son choix, les titres des meilleurs ouvrages, analogues à son genre d'instruction ou à ses travaux, qu'il veut se procurer, lire ou consulter.

VI. *Dépôt mnémonique*, pour la VIE DE LA MÉMOIRE ET DE L'IMAGINATION qui a paru susceptible d'embrasser plusieurs subdivisions, que chacun établit et modifie à son gré, et dans lequel on a disposé des tables séparées pour les quatre objets distincts ci-après:

1.º *Souvenirs et projets personnels;*

2.º *Souvenirs et projets, d'une utilité générale,* rapportés au bien public, à son pays, à l'humanité, aux inventions et découvertes, aux progrès des arts et des sciences, dont chaque homme doit suivre et observer la marche, dans la sphère qui lui est propre;

3.º *Souvenirs historiques* ou des époques et des dates, soit des *événemens publics* remarquables, soit des *événemens domestiques et de famille,* qu'on veut fixer par écrit, afin de les conserver présens à la pensée, et, pour ainsi dire, à la disposition et sous la main;

4.º *Souvenirs nécrologiques,* ou des noms des personnes qu'on a particulièrement connues, et qu'on a eu le malheur de perdre, dans le cours de l'année.

La réunion de ces différens comptes ouverts pour chacun des principaux élémens de la vie forme une sorte de *livret d'ordre,* qui sert à régler et à connaître *la distribution et l'emploi de tous les jours de l'année,* à suivre toutes les *variations de son existence,* à fixer et à conserver les *résultats* qu'elle a pu laisser.

La tenue complète du *Mémorial universel* n'exige pas au-delà de *cinq minutes par jour,* au-moyen des tablettes qu'on a disposées, sur lesquelles d'ailleurs, à l'exception de l'agenda journalier, on n'a guère l'occasion d'écrire que rarement et à des intervalles plus ou moins éloignés.

84

Trois opérations distinctes se rattachent à cette partie de notre Méthode:

1.° *Examen journalier des différentes parties de la vie* (5 *minutes par jour*);

2.° *Revue sommaire de la vie, établie chaque mois* (15 à 20 *minutes tous les mois*);

3.° *Résumé analytique annuel* (*une heure tous les ans*).

Le *troisième et dernier mémorial*, qui pourra paraître le plus utile, comme étant destiné à recueillir les *observations* et les *faits*, dont l'ensemble forme, pour chaque individu, une sorte de code des expériences de la vie et de la société, a pour titre: MÉMORIAL DES FAITS ET OBSERVATIONS ET DES DÉTAILS DIVERS. On peut le diviser en autant de comptes ouverts, particuliers et distincts, que nous avons distingué de branches de la vie, afin de pouvoir porter à part les faits et les observations qui s'appliquent plus spécialement, soit au *rapport physique* et à la *santé*, soit au *rapport moral ou intellectuel*, soit au *rapport social*. Chacun de ces comptes ouverts devient, à la longue, un véritable cours pratique *d'hygiène*, de *morale*, de *développement intellectuel* ou *d'instruction*, et de *vie sociale* ou de *connaissance du monde et des hommes*. Ce mémorial comprend les colonnes ci-après, qui peuvent aussi servir de modèle pour un *journal des extraits et des analyses de ses lectures.*

Modèle du MÉMORIAL DES FAITS ET OBSERVATIONS,
ou du *journal de lectures.*

Numéros d'ordre.	Dates ou pages des volumes cités.	Détails divers, faits et observations.	Mots de recherche.	Notes et signes.	Numéros de renvois.

La *première colonne* est destinée à déterminer chaque article par un *numéro d'ordre* particulier, qui sert ensuite à le retrouver au besoin.

On inscrit, dans la *seconde colonne*, soit la *date*, soit le *titre* et la *page d'un volume* cité, quand il s'agit d'un extrait d'ouvrage.

La *troisième colonne*, qui est la plus étendue, doit contenir le précis des *faits* et des *observations* qu'on veut conserver.

La *quatrième colonne* indique, par un ou quelques *mots de recherche*, le sujet particulier de chaque article, et facilite singulièrement les recherches à faire dans le recueil.

La *cinquième colonne*, pour les *notes et signes*, permet de désigner, par un même signe générique convenu, les différens mots de recherche, susceptibles d'une sorte d'association, ou qui peuvent être considérés sous un même point de vue général.

Les deux colonnes des *mots particuliers de recherche* et des *signes généraux* ont pour objet de donner la double habitude de l'*esprit de détail* et de l'*esprit d'ensemble.*

La *sixième* et *dernière* colonne des *numéros de renvois*, qui correspond avec la première, celle des *numéros d'ordre*, sert à établir des rapports et des renvois entre les articles qui se correspondent.

On dispose les chiffres inscrits dans cette colonne, ainsi qu'il suit : $\frac{8}{9}$. Le chiffre supérieur ou placé au-dessus de la ligne, indique le numéro d'ordre de l'article précédent le plus rapproché qui traite du même sujet. Le chiffre inférieur ou placé au-dessous de la ligne, renvoie à l'article le plus rapproché de l'une des pages suivantes, dans lequel le même sujet se trouve reproduit.

On peut ainsi recevoir et parcourir les faits et les observations qu'on a fixés par écrit, soit dans un *ordre chronologique*, en lisant de suite le recueil, qui représente le tableau fidèle de la vie et des expériences journalières, soit dans un *ordre analytique*, et d'après la nature des matières traitées, considérées ou *particulièrement*, à l'aide des *mots de recherche*, ou sous un *point de vue général*, au moyen des *signes génériques*.

Comme on a pris soin d'enregistrer, sous un même titre, les articles qui traitent un même sujet, et d'affecter à chacun d'eux un numéro d'ordre particulier, l'usage des *numéros de renvois* permet de retrouver et de rapprocher, au milieu même d'une multitude de fragmens, écrits sans suite ni liaison et dispersés confusément de côté et d'autre, tous les articles qu'ont entr'eux quelque analogie, et qui peuvent s'éclairer mutuellement.

TABLE DES MATIÈRES

CONTENUES

DANS LE MÉMORIAL HORAIRE.

———

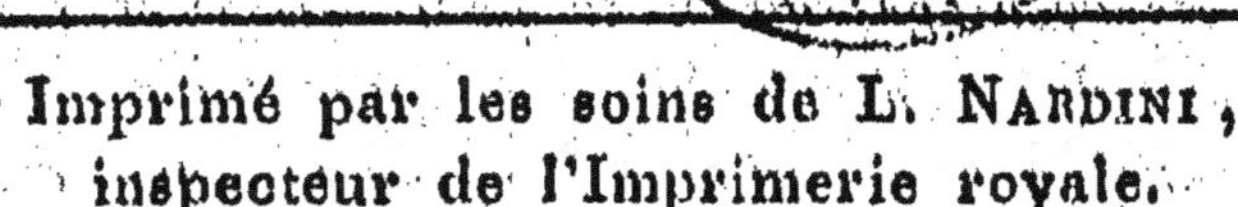

Imprimé par les soins de L. NARDINI,
inspecteur de l'Imprimerie royale.